RESPONSABILIDADE CIVIL DOS AGENTES PÚBLICOS NAS CONSTITUIÇÕES BRASILEIRAS

Marcos José do Nascimento

Copyright © 2021 Marcos José do Nascimento

Todos os direitos reservados.

ISBN: 9798517993342

DEDICATÓRIA

Dedico este livro aos meus pais, José Raimundo (*In memorian*) e Maria de Nazareth, meus irmãos Eliane, Elimar e Josemar (*In memorian*) e à minha família, Edlene (esposa), Mateus (filho) e Vinícius (filho).

CONTEÚDO

   Apresentação

1 Princípios Gerais da Responsabilidade   08

2 Responsabilidade Civil das Pessoas Juridicas   32

3 Responsabilidade Civil das Pessoas Jurídcias de   34
   Direito Público

4 Constituições Brasileiras   34

5 Evolução Doutrina da Responsabilidade Civil da   44
   Administração
6 Cargo, Emprego e Função Pública   57

7 Servidores Públicos   59

8 Agentes Públicos   60

9 Teoria do Risco Integral e do Risco Administrativo.   66
   Posição brasileira atual

10 Conclusão   70

11 Bibliografia   74

APRESENTAÇÃO

A responsabilidade civil estatal é, dentre os institutos do Direito, talvez um cuja abrangência é, ainda, não devidamente notada, todavia a sua presença é frequente nas relações que o particular tem com o Estado, nas diversas situações em que este não cumpre o seu papel de maneira correta.

Como o Estado atua, manifestando-se através de seus agentes, importa distiguir as ocasiões nas quais cabe ou não imputar a responsabilidade desses agentes, no instante em que atua em nome do Poder Público, em última análise os seus empregadores.

Ressalta-se, então, a responsabilidade civil do agente público no Direito Constitucional Brasileiro, revelando sua importância pela propria presença do instituto em todos os textos constitucionais pátrios, pois em nenhum deles a Carta Magna deixou de mencioná-lo.

Desde a primeira Constituição, a de 1824, outorgada por D. Pedro I, já se trava do tema e, a partir dela, o assunto vem sendo mencionado em todas as outras Constituições.

Este livro aborda o assunto, enfocando aspectos que se ligam à responsabilidade civil genericamente, de início, como a responsabilidade objetiva e subjetiva, responsabilidade civil e penal, culpa, dolo, excludentes da responsabilidade civil, entre outros aspectos, para depois adentrar em temas ligados ao Direito

Administrativo, como a figura do agente público, termo que abrange as diversas modalidades de atuação da pessoa física em nome da Administração Pública.

Os textos constitucionais de 1824 a 1988 são trazidos à análise, inclusive com a opinião de alguns doutrinadores.

Na Evolução Histórica da Responsabilidade Civil da Administração são relacionados alguns assuntos, tais como Teoria dos Órgãos, a Culpa Anônima, a Responsabilidade Civil da Administração e do Agente Público, as Teorias Subjetivistas – Teoria da Culpa Civilista, Teoria da Culpa Administrativa, Teoria da Culpa Anônima e a Teoria da Culpa Presumida.

Essa designação, a de agente público, abrange um universo maior de situações que se originam desse vínculo entre pessoas físicas e o Estado e, embora tenha sido adotada recentemente na doutrina, a partir da Reforma Administrativa, trazida pela Emenda Constitucional Nº 19/1998, pode ser pertinente uso em relação aos textos constitucionais anteriores, uma vez que, conforme veremos, as designações empregadas, ao longo do tempo, oscilam de uma para outra definição, procurando, contudo, trazer presente sempre uma mesma figura, qual seja, a de uma pessoa física, atuando em nome do Estado e possuindo com este laços de subordinação.

Este livro é feito com base no trabalho para conclusão de Graduação em Direito pela então FARN – Faculdade Natalense para Desenvolvimento do Rio Grande do Norte, hoje UNI-RN – Centro Universitário do Rio Grande do Norte, no ano de 2004.

RESPONSABILIDADE CIVIL DO AGENTE PÚBLICO NAS CONSTITUIÇÃOES BRASILEIRAS

1 - PRINCÍPIOS GERAIS DA RESPONSABILIDADE

Em sentido amplo, a responsabilidade é a atribuição das consequências de uma conduta a quem diretamente essa se refere. No campo da responsabilidade civil, todavia, ocorre uma situação em particular, qual seja a do mentalmente incapaz que, em princípio, não pode ser responsabilizado pelos seus atos, por não ser capaz nos termos da lei, lembrando que, de acordo com o Código Civil, essa responsabilidade é mitigada, pode vir a alcançar os bens do incapaz.

Para a responsabilidade civil o que importa é fazer a identificação da conduta que ocasione reflexos na obrigação de indenizar, o que poderá ocorrer nas hipóteses em que essa obrigação não recaia sobre o agente do dano, mas em alguém a quem ele se ligar por um liame legal, ou ainda diretamente ao autor do fato, e, em ambas situações, surge a obrigação de ressarcimento da vítima, em razão do dano ocasionado.

Tem-se, assim, a responsabilidade direta, que se refere ao agente autor do dano, e a responsabilidade indireta, em que o responsável é um terceiro que possui ligação com o autor do dano, por via legal.

Vale salientar, no âmbito do Direito Penal, que este apenas se ocupa da responsabilidade direta, consagrada no texto da Constituição Federal, em seu artigo 5º, inciso XLV, enquanto no Direito Civil há a possibilidade de terceiros tornarem-se responsáveis do dever de indenizar, em situações expressamente previstas em lei.

No Código Civil estão consubstanciados os requisitos que caracterizam o dever de indenizar, sendo eles a ação ou omissão, a relação de causalidade, que também se denonima nexo causal, o dano e a culpa.

Na teoria do risco criado e do risco benefício, quem consegue para si vantagens ou benefícios, em virtude de sua atividade, deverá indenizar os danos a que der origem, independente da culpa.

A aplicação da responsabilidade objetiva, ou responsabilidade sem culpa, é restrita pela expressa autorização legal, ou seja, somente nos casos previstos em lei ela poderá ser aplicada.

No Direito pátrio, como regra geral, tem-se que a responsabilidade por ato ilícito, na inexistência de lei expressa, será subjetiva.

1.1 – RESPONSABILIDADE SUBJETIVA E OBJETIVA. RISCO.

A responsabilidade subjetiva é oriunda de um dano cuja origem dá-se em razão de um ato doloso ou culposo.

Por sua característica civil, a culpa, na responsabilidade subjetiva, é identificada na atuação negligente, imperita ou imprudente do ser humano.

Tem-se como uma decorrência lógica a obrigação de indenizar no ato ilícito.

Na ótica da responsabilidade civil subjetiva tem-se como base a noção, segundo a qual a obrigação de responder pela propria culpa é de cada um.

Ao autor da ação incumbirá sempre o ônus de fazer provar a culpa do réu, uma vez que se caracterize em um fato constitutivo de direito à pretensão essa culpa.

A culpa, na responsabilidade civil indireta, não se despreza, presume-se, em razão do dever de vigilância a que se obriga o réu. Observando-se que nessa espécie de responsabilidade civil esta é atribuída a alguém cuja respoonsabilidade por dano não causado de forma direta por ele, porém a terceiro em que o liame entre esses atores é estabelecido na ordem jurídica.

Na responsabilidade civil objetiva tem-se como irrelevante, do ponto de vista jurídico, o dolo e a culpa, bastando que se façam presentes o nexo causal entre o dano e a conduta, para daí se ter o dever de indenizar.

A Teoria do Risco é um dos embasamentos da responsabilidade objetiva. Segundo Themístocles Brandão Cavalcanti (1961, p. 120) essa teoria exclui que se aprecie o elemento subjetivo, ou seja, a culpa.

O termo risco é indeterminado, sendo portanto um conceito aberto, amplo, e, a despeito do § único do artigo 927 do Código civil, fazer menção expressa ao termo, observando-se a obrigação em reparar o dano, independente da ocorrência de culpa, na hipótese de a atividade que o agente do dano normalmente desenvolve, por sua natureza, implicar em risco para o direito alheio, é de salientar que somente o caso concreto poderá vir a determinar, especificamente, o que será e o que não será considerado como um risco ao direito alheio, tarefa em que a jurisprudência e a doutrina, juntas, laborarão nesse mister, aclarando o tema.

Nessa perspectiva, pela teoria do risco-proveito, o agente que, através de sua atividade, der origem a um risco, deve arcar com o prejuízo causado pela sua conduta, em virtude de, através de sua atividade, conseguir para si um benefício. Vale lembrar o risco excpecional, em geral, caracterizado, por exemplo, nos casos de transmissão de energia elétrica, de geração de energia nuclear, transporte de material explosivo, entre outros. Surge, então, o risco criado, situação na qual o agente terá o dever de indenizar, quando ele der origem a um perigo, oriundo da profissão ou atividade desenvolvida por esse agente.

Na teoria do risco integral, mesmo na inexistência de nexo causal, há o dever de indenizar, abrangendo esta forma apenas a presença do dano, mesmo nas hipóteses de haver culpa exclusiva vítima, fato de terceiro, caso fortuito ou força maior.

Pela responsabilidade objetiva, considera-se tão somente o dano, desconsiderando-se o dolo ou culpa, que se constituem em elementos de regra geral, bastando para essa responsabilidade a presença dos dois elementos: o dano e o nexo causal.

1.2 – RESPONSABILIDADE CIVIL E PENAL.

O gênero responsabilidade requer como sua premissa o exame da conduta de um dever jurídico.

Importa salientar a divisão que se estabelece, configurando-se a responsabilidade civil e/ou penal, observando-se que da ilicitude civil nem sempre se encontra abrangida pela lei penal, não sendo, assim, uma conduta suscetível de sanção por ela.

Tem-se como de menor gravidade a ilicitude praticada no âmbito da legislação civil, sendo privado o interesse na reparação do dano sofrido, ainda que presente esteja o interesse social, não se encontrando afetada a segurança pública, em princípio. No campo do Direito Civil, entende-se como aberta a conceituação de ato ilícito, sujeitando-se a sofrer o exame no caso concreto e às noções relativas a dano, tais como a culpa, o nexo causal, a imputabilidade, abrangidas também pelo ilícito penal.

Tanto no âmbito civil quanto no penal, faz-se presente a infração à lei e ao dever de conduta. Quando se exige que o transgressor seja pessoalmente punido, demonstrando-se, desta forma, a relevância da conduta, se esta se enquadra na qualidade de conduta punível criminalmente.

De um só ato ou conduta poderão resultar caracterizados, de forma concomitante, ilícitos penal e civil, sendo que, para o crime, o sistema legal configura modalidades exclusivamente pessoais para o delinquente, considerando-se como a mais grave a de privação da liberdade.

No ilícito civil, tem-se sempre como denominador comum a indenização em dinheiro, como a forma de compensação que melhor existe, a fim de reparar ou atenuar o mal que se causou, de índole patrimonial ou moral.

O que se considera para responsabilidade civil é o prejuízo, o desequilíbrio patrimonial, salietando-se, todavia, que quando se tratar, de forma exclusiva, do dano moral, levar-se-á em conta a dor psíquica ou o desconforto comportamental infligido à vítima.

Na hipótese de inexistência do dano ou de ressarcimento de prejuízo, desconsidera-se como existente a responsabilidade civil, cujo pressuposto é o do equilíbrio a ser restabelecido entre os dois patrimônios.

1.3 – ATO ILÍCITO

A atuação ensejadora do dano requer, em princípio, que a sua natureza seja oposta ao sistema legal, configurando-se a obrigação de um dever indenizatório, haja vista a responsabilidade induz-nos, naturalmente, à ideia de que se atribui a um infrator as consequências de sua conduta.

Ainda assim, a obrigação em indenizar pode vir a ocorrer em hipótese de atuação lícita do agente, existindo, assim, a possibilidade de responsabilidade sem a presença de antijuridicidade, e esta, necessariamente, não acompanha a conduta humana que dá ensejo à responsabilidade civil.

Tem-se na antijuridicidade, para o dever de indenizar na responsabilidade, uma regra geral, porém sem grau absoluto, e, em razão de atos ilícitos também poderem gerar o dever de indenizar, uma vez que se trata de um caso de excepcionalidade, haverá sempre a dependência de haver uma normal legal para a sua previsão.

O ato ilícito origina-se, de forma direta ou indireta, da vontade, gerando efeitos que contrariam o ordenamento jurídico, sendo o ato voluntário o primeiro pressuposto da responsabilidade civil. O conceito está ligado à imputabilidade, uma vez que a voluntariaedade desaparece ou vem a ser ineficaz se o agente for irresponsável, do ponto de vista jurídico. A imputabilidade, porém, tem cedido espaço ao ressarcimento, haja vista a permissão de responsabilidade civil aos incapazes no Código Civil.

O ato de vontade, em regra, deverá vir revestido de ilicitude, no âmbito da responsabilidade civil. A ilicitude vem a caracterizar-se por uma sequência de atos, tornando-se raro haver a ocorrência da ilicitude com um ato apenas. O ato lícito é a tradução de um comportamento voluntário transgressor de um dever e, na sua essência, não diferem entre si o ilícito civil e o ilícito penal, identificando-se a principal diferença entre eles na tipificação estrita presente no Direito Penal.

Para a responsabilidade objetiva, é afastada a culpa, mostrando-se o ato ilícito incompleto. Na responsabilidade subjetiva, a imputabilidade da conduta do agente é o elemento subjetivo do ato ilícito, que vem a dar origem ao dever de indenizar.

1.4 – CULPA E DOLO

Pablo Stoze e Rodolfo Pamplona (2001, p. 138) apontam que, em sentido amplo, a culpa tem a sua origem na inobservância de um dever de conduta, cuja imposição é feita pela ordem jurídica, por consideração à paz social e, ocorrendo a violação de maneira propositada, presente está o dolo e, tendo decorrido de negligência, imprudência ou imperícia, a conduta do agente é culposa, no seu sentido estrito.

A noção de culpa, então, implica na noção de um dever e, no sentido amplo, a culpa surge no momento em que o agente deixa de observer um dever de que teria conhecimento. Na esfera civil, a culpabilidade abrange o conceito de dolo e culpa, tendo esses dois (o dolo e a culpa) consequências idênticas.

Os autores citados apontam (2003, p. 140), com base na doutrina tradicional, os elementos da culpa como sendo:

a) a voluntariedade do agente – há que existir, por parte de quem venha a originar o dano, voluntariedade e, uma vez ocorrido o direcionamento de sua vontade, o dolo está caracterizado, observando-se que, no dolo, a intenção do responsável volta-se para alcançar um resultado prejudicial à vítima, enquanto que na culpa estrita, nas formas assumidas, quais sejam a negligência, a imprudência ou a imperícia, a violação de um dever de conduta dá azo ao dano, sem a vontade do agente dirigida para esse resultado.

b) previsibilidade – a culpa somente é tida como existente na presença de duas premissas básicas, a previsibilidade do dano e a sua vedação pelo Direito, orbitando-se para fora da previsibilidade, parte-se para o caso fortuito, podendo vir a sofrer interferência o nexo de causalidade, propiciando a isenção do dever de indenizar para o agente.

c) violação de um dever de conduta – na violação de um dever de conduta a implicação da culpa surge e, na hipótese dessa inobservância ser intencional, está presente o dolo.

As condutas e atos que traduzem intenção, assim como os que carregam em si a negligência, a imprudência ou a imperícia, são abrangidos pela culpa civil, carecendo de importância, para a responsabilidade, distinguir-se entre a existência de dolo ou culpa, mais importando, para fins de indenização, se o agente atuou com culpa civil (lato sensu), uma vez que, para o montante a ser pago na indenização, a intensidade do dolo ou da culpa não importa como critério para a construção desse montante.

O critério para que se fixe a indenização é o do prejuízo efetivo. A jurisprudência, contudo, vem firmando o entendimento de que a indenização pecuniária, além de fixar a reparação do dano, reequilibrando o patrimônio, especialmente quando se tratar de dano moral, assumirá ela uma função educativa, tanto para o ofensor, quanto para a sociedade, assim como servirá de ferramenta de intimidação, evitando-se perdas e danos futuros.

A doutrina divide a culpa em três graus, a saber:

a) culpa grave – há uma atuação levada a efeito de forma grosseira, com falta de cautela, longe dos cuidados do homem mediano, aproximando-se do dolo, sendo também chamada de culpa consciente, estando presente a previsibilidade do resultado que a conduta poderá vir a causar, assumindo o agente a responsabilidade pelo risco do evento danoso e previsível que julga não ocorrerá.

b) culpa leve – está identificada na infração de um dever de conduta do homem médio, sendo situações nas quais o homem comum, em tese, não cometeria uma transgressão do seu dever de conduta.

c) culpa levíssima – constata-se esta na ausência de uma atenção extraordinária, própria da pessoa muito perita ou muito atenta, possuidora de conhecimento especial para o caso.

O efetivo valor do prejuízo é o que gradua o dano, e não a intensidade da culpa, sendo que, nalgumas situações, o ordenamento jurídico exige a presença de culpa grave, a fim de que se repare o dano, fazendo a equiparação daquela ao dolo.

Não há como configurar a culpa, se as consequências do comportamento são imprevisíveis. A imprudência, a negligência e a imperícia são formas pelas quais a falta de cautela, o cuidado e a atenção tomam forma, havendo, em alguns casos, a interpenetração desses aspectos, em razão da visão unitária que se deve lançar a culpa.

A responsabilidade contractual e a extracontratual consubstaciam-se na culpa, sendo que esta possui, na responsibilidade contratual, uma forma definida, sendo a obrigação preexistente ao negócio, obrigação esta descumprida.

Vale lembrar outras modalidades de culpa:

a) culpa in eligendo – origina-se da má escolha feita pelo representante ou preposto.

b) culpa in vigilando – é a ausência de fiscalização do patrão ou comitente para os empregados ou terceiros, que estejam sob suas ordens.

c) culpa in comittendo – é caracterizada por ato positivo do agente.

d) culpa in omittendo – faz-se presente no ato omisso.

e) culpa in concreto – é examinada na conduta específica sob exame.

f) culpa in abstrato – avalia-se a conduta transgressora com base no padrão do homem médio.

Sobre estas outras modalidades de culpa, importa ressaltar algumas observações:

a) na distinção de culpa por fato próprio, fato de terceiro ou fato da coisa, sendo a responsabilidade por conduta culposa própria da essência do instituto, o ordenamento jurídico determina que o agente venha a responder por ato de terceiro a quem se liga por dever de guarda ou vigilância, alargando o sentido da responsabilidade, como se depreende na responsabilidade dos pais pelos filhos menores, na responsabilidade do agente por fato de animais ou coisas sob a sua guarda.

b) é caracterizado por ação ou omissão com consequências jurídicas o comportamento voluntário do agente, sendo a ação modalidade pela qual mais comumente é exteriorizada a conduta, o ato positivo deflagará a eventual ilicitude. Em geral, a omissão é irrelevante na esfera jurídica, sendo passível de responsabilidade por omissão o agente somente quando a lei obrigava-o a agir.

c) nas hipóteses de culpa presumida, acontece o ônus invertido da prova. Na responsabilidade contratual ou extracontratual, há a compensação, uma vez que se constate a presença de mais de um partícipe com culpa no ato danoso, podendo mesmo se dar a hipótese de imputação de culpa à vítima concorrente para o evento, compensando-se a responsabilidade na hipótese de idêntico grau de culpa.

O dolo é caracterizado pela vontade consciente usada para que se produza um ato ilícito.

Tem o dolo como seus elementos a representação, que é a previsão que o agente tem do resultado, e a consciência de que é um ato ilícito.

No dolo, o agente não desconhece a ilicitude do resultado, sendo cônscio de que está contrariando um dever jurídico, tendo como alternativa atuar de maneira diversa.

1.5 – DANO

Dano é a ofensa ao bem jurídico amparado, bem este que pode ser de natureza patrimonial ou não.

O prejuízo que pode ser indenizado pode atingir direitos pertinentes ao ser humano e que não tenha expressão pecuniária na sua essência, desta forma, tem-se o dano moral.

Segundo Pablo Stolze e Rodolfo Pamplona (2003, p. 43), a doutrina aponta alguns requisitos para o dano indenizável: a existência da violação de um interesse jurídico de pessoa física ou jurídica, interesse que poderá ser patrimonial ou extrapatrimonial, a certeza do dano e subsistência do dano.

Quando o ato ilícito gera um dano, surge a possibilidade de indenização, traduzindo o dano a lesão de um interesse, salientando-se que, no dano moral, é considerada a dor psíquica, o desconforto. O dano causado dever ser atual e certo, não sendo indenizável, em princípio, os danos hipotéticos, observando-se que, na ausência de violação do interesse ou de dano, moral ou patrimonial, não se faz presente a indenização.

Observa-se que, a impetrar a ação que objetiva indenizar a prática de ato ilícito, o autor tem por meta conseguir a reparação do prejuízo sofrido, não a conquista de uma vantagem. Tanto no que tange à esfera extracontratual, quanto à contratual, percebe-se a dificuldade em quantificar-se o valor a ser pago, todavia, havendo inadimplemento de um contrato, este mesmo trará os parâmetros indenizatórios, podendo os danos ser fixados por cláusula penal, salientando-se, na responsabilidade contratual, que as perdas ou prejuízos serão avaliados concretamente.

Salientamos, ainda, alguns conceitos ligados ao dano:

a) dano patrimonial – é passível de avaliação pecuniária, sendo a sua reparação possível de ser feita em dinheiro.

b) dano emergente – é caracterizado pelo que, efetivamente, foi perdido pela vítima, o prejuízo real ou o que foi perdido.

c) Lucro cessante – é o lucro de que se privou a vítima, que se somaria ao seu patrimônio, sendo a sua apuração realizada de maneira razoável.

d) Dano reflexo ou em ricochete – é a situação em que uma pessoa vem a sofrer por dano causado a outra, cabendo ao ofensor reparar todo o dano causado segundo o nexo de causalidade, não sendo os danos reflexos, em princípio, indenizáveis, havendo uma única exceção na indenização oriunda de morte, no pleito dos que dependem economicamente.

1.5.1 – Dano Moral

O dano moral é o que abala o homem psíquico, moral e intelecual da vítima, fixando-se como critério objetivo de aferição o homem mediano, desconsiderando-se os casos de pessoas de sensibilidade excessiva, muito suscetíveis, assim como os quadros de pessoas de pouca ou nenhuma sensibilidade, que também foge ao espectro mediano e razoável da sociedade. O dano caracteriza-se como moral quando enseja uma perturbação anormal à vida do ser.

O dano moral não se refere apenas à dor física ou psíquica, abrangendo os direitos de personalidade, o direito à imagem, o nome, a privacidade e o corpo, daí porque não há que se considerar no dano moral apenas a dor psíquica ou física.

Numa análise restritiva, o dano é imaterial, é impossível de ser avaliado monetariamente, uma vez que não é possível sofrer uma mensuração, admitindo-se a indenização paga numa maneira de levar uma satisfação à vítima, compensando-lhe o desconforto que sofreu, não sendo propriamente uma forma de reparação.

Na indenização, considera-se a condição sócio-econômica dos envolvidos, de forma que o total do valor fixado nessa indenização não venha a tornar-se irrisório, de forma a considerar-se como sendo um donativo, assim como não pode ser um valor desproporcionalmente vultoso, configurando-se em um prêmio.

Em se tratando de pessoa jurídica, considera-se que o dano moral é um ataque à reputação, ao seu renome, não se aplicando à pessoa jurídica os direitos personalíssimos.

1.5.2 – Dano Material

Dano material fere o patrimônio do prejudicado, cuja valoração pode ser apurada monetariamente, podendo, ainda, essa espécie de dano incidir sobre bens personalíssimos, como o bom nome, a imagem, a reputação e a saúde, tendo reflexos no patrimônio do ofendido, salientando-se, entre outros aspectos, que, nesses casos pode haver uma perda de receita ou terem de ser feitas despesas.

Dano material pode ter uma avaliação pecuniária, sofrendo a reparação por meio de uma indenização.

O dano material subdivide-se em dano emergente, também denominado dano positivo, e lucro cessante, podendo vir a ocasionar diminuição no patrimônio do ofendido ou impedir que esse patrimônio aumente.

1.6 - NEXO CAUSAL

O nexo causal é conceituado como uma relação de causa e efeito entre a conduta do agente e o dano derivado desta ação, configurando-se como indispensável a existência do nexo causal para a haver a responsabilidade civil, salientando-se o caso da responsabilidade objetiva, modalidade em que a culpa é dispensada, porém não sendo afastado o nexo causal.

O caso fortuito e a força maior, em razão de cercearem ou interromperem o nexo causal, deste são excludentes, observando-se que no caso fortuito não está presente a relação de causa e efeito entre a conduta do agente e o dano. A previsão é encontrada no Código Civil, artigo 393, caput, sendo o devedor isento dos prejuízos que se originam de caso fortuito ou força maior, se expressamente não é por eles responsável, salientando que o parágrafo único do citado artigo explica que, nas duas hipóteses tratadas, caso fortuito e força maior, verificadas no fato necessário, os efeitos não sejam passíveis de serem evitados ou impedidos. Observe-se que, na situação de ocorrência de culpa exclusiva da vítima, não surge a obrigação de indenizar, uma vez que foi rompido o nexo causal.

Salienta-se que duas dificuldades surgem para a determinação do nexo causal, como a dificuldade existente para a sua prova, e identificar o fato que, verdadeiramente, dá origem ao dano, em especial se este tem a sua origem em causas variadas, nem sempre sendo possível o estabelecimento da causa direta do fato, apontando-se, em regra, a causa que predominou para o dano fazer-se presente, ou seja, a teoria da causalidade adequada, que nem sempre atende ao caso concreto.

A seguir, são examinadas as excludentes do nexo causal na responsabilidade civil.

1.7 – EXCLUDENTES DO NEXO CAUSAL.

1.7.1 – Culpa da Vítima

A responsabilidade e a indenização são repartidas, na hipótese de haver ocorrido a culpa concorrente entre a vítima e o agente que deu origem ao dano, podendo esse fracionamento vir a ser feito de forma desigual, baseando-se na intensidade da culpa.

Na hipótese de culpa exclusiva da vítima, o agente do dano torna-se um meio para que a ocorrência do fato, excluindo-se-lhe a responsabilidade de reparação. Tem-se que a conduta do agente é inidônea, sendo incapaz de ser responsabilizado.

A doutrina propugna que, na hipótese de culpa exclusiva da vítima, há o desaparecimento, a interrupção do nexo causal, sendo este um dos elementos essenciais para a caracterização da responsabilidade civil.

1.7.2 – Caso Fortuito e Força Maior

Não há unanimidade doutrinária acerca da definição de caso fortuito e força maior. Alguns doutrinadores entendem na força maior a existência de um fato da natureza, enquanto outros têm esse entendimento no caso fortuito. Conforme acentua Silvio Venosa (2002, p. 254), inexiste interesse de natureza prática em que se distingam esses dois conceitos, até mesmo em razão do próprio Código Civil não ter feito essa distinção, todavia, equivalem-se, ambos, para que o nexo causal seja afastado.

No conceito de ordem objetiva, cingem-se a imprevisibilidade e a ausência de culpa, salientando-se que, muitas vezes, um evento é previsível, sendo, todavia, inevitáveis os danos, em virtude de não se poder resistir aos acontecimentos, e a imprevisibilidade perde destaque.

Uma vez afastado o nexo causal, deixa de existir a responsabilidade, encontra a ideia validade na responsabilidade contratual e extracontratual, em virtude do agente não dar causa ao prejuízo.

1.7.3 – Estado de Necessidade, Legítima Defesa e Exercício Regular de Direito

Deixa de existir o dever de indenizar quando o agente pratica o ato em legítima defesa, justificando-se, desta forma, a sua conduta, observando-se as noções do Direito Penal, em especial a teoria objetiva, na qual a legítima defesa é uma excludente de antijuridicidade, com base no direito de defesa exercido.

Estão englobados na legítima defesa os bens materiais, assim como também a honra e a boa fama.

Se o agressor sofre o ato danoso, não há o dever de indenizar. Se terceiros ou bens destes são atingidos, na prática de legítima defesa, o dano deverá ser reparado, cabendo ação regressiva contra o ofensor.

A legítima defesa putative, que não exclui a antijuridicidade, mas só a culpabilidade, não afasta o dever de indenizar.

Havendo um excesso na legítima defesa, surge a responsabilidade do agente, que será proporcional, em razão do excesso levado a efeito, uma vez que, em parte da sua conduta, está presente a ilicitude.

Na prática do exercício regular de direito, encontra-se afastada a hipótese de haver indenização, havendo o mesmo entendimento aplicado à lei penal, em que se considera não haver a possibilidade concomitante de cumprimento regular de um dever e a prática de ilícito penal, observando-se que é necessário respeitarem-se os limites da razoabilidade, a fim de que não se configure o ato como sendo de natureza ilícita.

O estado de necessidade vem configurado no Art. 188, II, do Código Civil, não se constituindo ato ilícito, salietando-se que, conforme o Art. 929 do mesmo diploma legal, não sendo culpado do perigo a pessoa lesada ou o dono da coisa, cabe-lhe o direito de indenização.

Na hipótese de haver ocorrido o perigo por culpa de terceiro, o autor dano terá ação regressiva, a fim de conseguir o valor que foi pago ao lesado.

Percebem-se, então, algumas situações especificadas na lei, quanto ao assunto:

a) não se constitui ato ilícito o estado de necessidade.

b) não havendo culpa por parte do prejudicado, terá direito de ser indenizado pelo prejuízo que sofreu.

c) ocorrendo, na hipótese, perigo cuja culpa recai em terceiro, o autor do dano indenizará à vítima, podendo impetrar ação regressiva contra esse terceiro, a fim de conseguir a importância que pagou ao prejudicado.

1.7.4 – Fato de Terceiro

Em regra, na relação que envolve o dano e a responsabilidade civil, há dois atores envolvidos: o agente causador do dano, em geral responsável por esse dano, e a vítima.

O terceiro surge como alguém que, de maneira aparente, não está ligado a quem é o responsável pelo dano e a quem foi vítima.

Costumeiramente é o terceiro responsável, de forma exclusiva, pelo ato danoso, deixando de haver um liame entre a conduta de quem possui a aparência de autor e quem lhe sofreu os efeitos da conduta sua.

Surge, então, a dúvida quanto ao responsável por uma dano vir a ser isento do dever de indenizar, em virtude de fato de terceiro, sendo este alguém colocado entre a vítima e o causador do dano, estando mais perceptível a sua presença em uma relação negocial, pois é alguém que não tem participação no negócio.

Em princípio, inexiste nexo causal, na hipótese de ocorrência de culpa exclusiva de terceiro, só se afastando o dever de indenizar no fato de terceiro, quando se constitua em causa estranha à conduta, eliminando o nexo causal, cabendo ao agente o ônus de provar que o fato era inevitável e imprevisível.

A jurisprudência pátria raramente admite o fato de terceiro como excludente da responsabilidade.

1.8 – IMPUTABILIDADE

A imputabilidade indica o agente a quem se atribui, impõe-se a autoria ou a responsabilidade pelo evento danoso.

Se quem leva a efeito tal ato e, ao praticá-lo, não possuía a capacidade de entendimento do grau de reprovabilidade da sua conduta, determinando-se por esse entendimento, está afastada a sua responsabilidade, todavia, é sempre de salientar-se a possbilidade hoje estabelecida de incidir sobre os bens do mentalmente incapaz a indenização de danos por ele causado, na hipótese do seu responsável não possuir bens para tal.

Desta forma são exigidos, na responsabilidade subjetiva, a conduta do agente, o ato lesivo e a imputabilidade, sendo esta um pressuposto da culpa e da responsabilidade.

Como nas hipóteses de ação ou omissão do agente sem aptidão para entender a ilicitude, não poderão, em princípio, haver responsabilização, torna-se assim importante que se verifique o desenvolvimento mental e a maturidade do agente.

Nos casos em que estão envolvidos agentes desprovidos de discernimento, estes são inimputáveis, respondendo, em seu lugar seus curadores, salientando-se a tendência de, nesses casos, incidir sobre o patrimônio a reparação do dano originado, uma vez que possua bens para tal.

1.9 – RESPONSABILIDADE POR FATO DE OUTREM.
RESPONSABILIDADE DIRETA E INDIRETA.

A responsabilidade direta, também denominada responsabilidade por fato próprio, busca frazer que o responsável pelo dano assuma o dever de reparar o prejuízo, todavia, se apenas aos que causaram prejuízos pudesse imputar-se esse dever de indenizar, inúmeros outros quadros e situações ficariam sem a possibilidade de haver um ressarcimento.

As legislações vêm admitindo a hipótese de alargamento dessa responsabilidade, abrangendo tereiros que se responsabilizam pelo fato, exemplo dessa situação é a *culpa in vigilando,* em que é responsabilizado pelo ressarcimento é pessoa que não teve conduta originária do dano.

O Código Civil, em seu artigo 933, estabelece que, mesmo não havendo culpa, respondem por atos praticados por terceiros, os pais pelos filhos, o tutor e curador pelos pupilos e curatelados, o empregador ou comitente pelos empregados, serviçais e prepostos. Trata-se de responsabilidade objetiva, em que não é exigida a culpa.

Para as pessoas de direito público, em que o ente público responde pela Teoria do Risco Administrativo, e o seu servidor vier a causar dano, por culpa ou dolo, terá a sua responsabilidade posteriormente reconhecida em ação regressiva movida contra ele pela Administraçao.

1.10 – DANO E REPARAÇÃO

À responsabilidade civil interessa o dano indenizável, consubstanciado no prejuízo, tendo-se como indenizável, a princípio, qualquer prejuízo cuja origem der-se em função de perda, deterioração ou depreciação de um bem, não se fazendo distinção entre o dano contratual e o dano extracontratual.

No surgimento da obrigação indenizatória, para a sua existência, não bastarão a presença do ato ou conduta ilícita e o nexo causal, fazendo-se necessária a presença, a existência de um efeito negativa na esfera patrimonial de quem reclama. Observa-se que, na responsabilidade objetiva, a culpa é dispensada.

Não se distinguem as naturezas do dano contratual e extracontratual, sendo, na maior parte dos casos, mais fácil realizar a avaliação do dano emergente em um contrato, em razão de ter havido uma delimitação do prejuízo através de cláusula penal, e os danos são estimados, em regra, em função do valor do negócio.

Tratando-se de dano extracontratual, não há uma obrigação anterior e que sirva de parâmetro na indenização a ser paga, havendo, em muitas situações, a ausência de relação contratual que preexistia, a exemplo do que ocorre nos casos de atendimento medico e nos de transporte gratuito.

No âmbito da reparação do dano, que nada mais significa do que indenizar, tem-se como ponto ideal a volta ao *status quo ante*, com a reconstrução da situação anterior. Nos casos de dano patrimonial, consideram-se a diminuição patrimonial sofrida pela vítima e o potencial aumento do patrimônio que se daria na ausência do evento danoso.

Não obstante não haver previsão legal, para que seja estabelecida a indenização, considera-se o nível econômico dos envolvidos, pautando-se as decisões pelo bom senso, evitando-se, desta forma, que se dê ensejo ao enriquecimento sem causa, o que a legislação proíbe. De outra maneira, o ofensor não poderá ser levado ao estado de penúria, assim como o valor indenizado não deverá ser insignificante.

O grau de culpa, a princípio, não determina o valor da indenização, tendo-se como regra costumeira que a indenização é medida pelo dano, em lugar de ser considerada em razão do grau de culpa.

2 – RESPONSABILIDADE CIVIL DAS PESSOAS JURÍDICAS.

Leciona Themístocles Brandão Cavalcanti (1961, p. 115) que, no exame da responsabilidade do Estado, importa destacar em relação à sua personalidade jurídica a sua capacidade jurídica, bem como o fato do Poder Público exercer essa capacidade através de seus órgãos e agentes.

Na responsabilidade civil de pessoas jurídicas de direito público, exige-se tão somente a presença do prejuízo, da autoria e do nexo causal, dispensando-se a prova de culpa. Na esfera civil, a responsabilidade de pessoa jurídica, tanto de direito público quanto de direito privado, pode ser contratual ou extracontratual, sendo aquela, a infringência do contrato entre as partes, enquanto nessa inexiste vínculo contratual entre o responsável pelo prejuízo e quem sofreu esse prejuízo.

Ligam-se os conceitos da obrigação e responsabilidade,

e esta, na sua origem, tem-na em uma ação ou omissão humana, ensejadora de causar alteração nas relações jurídicas, com conteúdo de natureza patrimonial.

Coexistem a responsabilidade civil e criminal, sendo aquela oriunda de dano causado diretamente ou indiretamente ao patrimônio da vítima, seja por culpa ou dolo, o que gerará a obrigação de ressarcir. Assim se tem a responsabilidade civil desdobrada em direta, imputada ao agente autor do ato, e indireta, em quem responde é uma pessoa sobre quem não recai a autoria da conduta, mas é responsável, conforme a lei, por ato levado a efeito por quem se responsabiliza.

Outros dois conceitos que importam são o de responsabilidade objetiva e subjetiva, possuindo esta seu lastro na culpa, e a objetiva tem a sua origem apenas no dano e no nexo causal, ensejando a teoria do risco, em que basta apenas o exercício de uma atividade para que surja o dever de indenizar.

A responsabilidade civil do Estado insere-se na órbita da responsabilidade por fato de outrem, tornando-se responsável pela obrigação de reparar o dano pessoa diversa da que praticou o ato danoso, ligando-se o responsável pelo ato de reparar a quem deu origem ao dano por um laço jurídico, em situação de subordinação ou submissão, cujo caráter pode vir a ser de natureza permanente ou eventual.

O fundamento da responsabilidade das pessoas jurídicas de direito público encontra a sua base na teoria da garantia, na qual o Poder Público obriga-se a dar garantia aos direitos dos particulares nos danos a que vier dar causa, uma vez não constatada a excludente para o Estado.

3 – RESPONSABILIDADE CIVIL DAS PESSOAS JURÍDICAS DE DIREITO PÚBLICO

Para as pessoas jurídicas de direito público, não se perquire a culpa, na sua responsabilidade, bastando que se façam presentes o dano, a autoria e o nexo causal.

Em se tratando de atos jurisdicionais, há a prevalência da ideia de que o Estado não se torna responsável nessa hipótese, escudado na independência dos poderes, em virtude da impossibilidade de interferência por parte do Executivo em decisões judicais, o que impossibilita de vir a responder pelos atos judiciais.

No entanto, o magistrado poderá ser responsabilizado criminal, civil e pessoalmente nas ocorrências de dolo, fraude, omissão, retardamento ou recusa que seja injustificada e referentes a providências e ele cabíveis, tanto por dever de ofício como a requerimento da parte.

4 – CONSTITUIÇÕES BRASILEIRAS
4.1 - CONSTITUIÇÃO IMPERIAL DE 1824

"Art. 156. Todos os juízes de Direito e Oficiais de Justiça são responsáveis pelos abusos de poder e prevaricações que cometerem no exercício de seus Empregos, esta responsabilidade se fará efetiva por Lei regulamentar.

Art. 157. Por suborno, peita, peculato ou concussão haverá contra eles ação popular, que poderá ser intentada dentro do ano e dia pelo próprio queixoso, ou qualquer outro do povo, guardada a ordem do processo estabelecida em Lei.

Art. 179. A inviolabilidade dos Direitos Civis e Políticos dos cidadãos brasileiros, que tem por base a liberdade, a segurança individual e a propriedade, é garantida pela Constituição do Império, da maneira seguinte:

XXIX – os empregados públicos são estritamente responsáveis pelos abusos e omissões praticados no exercício de suas funções, e por não fazerem efetivamente responsáveis seus subordinados."

No texto da Constituição de 1824, percebem-se as situações que dizem respeito aos Juízes de Direito e aos Oficiais de Justiça em termos peculiares, quais sejam o abuso de poder, a prevaricação no exercício do cargo, havendo, para esses agentes públicos a ação popular, que podia ser intentada pelo prejudicado ou por qualquer pessoa do povo, nas hipóteses de suborno, peculato, concussão e peita, sendo esta última a situação em que, de maneira ilícita, leva-se à prática de atos que violem o dever de conduta o agente público, mediante paga ou promessa de paga, que é ajustada.

No inciso XXIX, do Art. 179, textualmente vêm caracterizados como responsáveis estritos os empregados públicos, nos casos de abuso ou omissão no exercício de suas funções, bem como no caso de não vierem a responsabilizar seus subordinados. Esta última situação, em que se responsabiliza o superior, na hipótese de não apontar o subordinado, imputando-lhe responsabilidade pela sua conduta, assemelha-se à *"culpa in vigilando"*, modalidade de culpa do patrão que não fiscaliza o empregado.

4.2 – CONSTITUIÇÃO FEDEREAL DE 1891

"Art. 82. Os funcionários públicos são estritamente responsáveis pelos abusos em que incorrerem no exercício de seus cargos, assim como pela indulgência ou negligência em não responsabilizarem efetivamente seus subordinados."

Este texto constitucional repete os termos do inciso XXIX, do Art. 179, da Constituição de 1824, ao afirmar que, de maneira estrita, os funcionários responsabilizam-se pelos abusos que cometerem no exercício de seus cargos, bem como no caso portem-se com indulgência ou negligência, ao não tornarem responsáveis os seus subordinados.

Observa-se que, a despeito da doutrina haver apontado, já nessa época, a responsabilização do Estado por atos de seus agentes, o foco, no texto constitucional, é dirigido ao agente público.

Segundo Sérgio Cavalieri Filho (2004, p. 241), tanto a Constituição de 1824, quanto a Constituição de 1891, em seus dispositivos que tratavam do assunto, não excluem a responsabilidade do Estado, imputando esta responsabilidade tão somente aos funcionários, havendo entendimento da existência de solidariedade do Estado para os atos de seus agentes, existindo responsabilidade com fundamento na culpa civil, tornando indispensável, para ser caracterizada a responsabilidade do agente público, que se provasse a sua culpa. O Estado, então, respondia somente na hipótese de culpa cuja origem fosse de ato de funcionário em que se provasse ter havido a ocorrência de negligência, imprudência ou imperícia.

Nas Constituições de 1824 e de 1891 predominou a influência de que os agentes públicos que atuassem com culpa ou excesso de poder não estariam representando o Estado, conforme assinala Temístocles Brandão Cavalcanti (1961, p. 119) o Estado deve assumir responsabilidade, ainda que tenha havido excesso de poder, no entanto revestindo-se do cargo, ou servindo-se deste, uma vez que o cargo exerça influência para dar origem ao ato.

4.3 – CONSTITUIÇÃO FEDERAL DE 1934

"Art. 171. Os funcionários públicos são responsáveis solidariamente com a Fazenda Nacional, Estadual ou Municipal, por quaisquer prejuízos decorrentes de negligência, omissão ou abuso no exercício dos seus cargos.

§ 1º. Na ação proposta contra a Fazenda Pública, e fundada em lesão pratica por funcionário, este será citado como litisconsorte.

§ 2º. Executada a sentença contra a Fazenda, esta promoverá execução contra o funcionário culpado."

Percebe-se no texto da Constittuição Federal de 1934 estar implícita a responsabilidade civil do Estado, criando-se a solidariedade dos funcionário público nas hipóteses de haver a ocorrência de omissão, abuso ou negligência no exercício do cargo, observando-se que, mesmo nessas hipóteses, o Estado não é afastado do centro da discussão, pois ao afirmar que essa responsabilidade é solidária, está implícita a *culpa in vigilando* para o Poder Público, à semelhança do que ocorre com patrão para com o seu empregado.

Observe-se, ainda, que o § 1º do Art. 171 afirma que, na lesão praticada pelo funcionário público, uma vez que ocorra a ação proposta contra a Fazenda Pública, aquele integra o litisconsórcio passivo e, havendo a execução contra a Fazenda, esta promove a execução contra o funcionário culpado, valendo salientar que, ao mencionar a culpa do funcionário,para que se proceda a uma execução contra ele, além de objetivar a responsabilidade do Estado, na Constituição essa culpa somente pode ser entendida no sentido abrangente, em lugar do sentido estrito, incluindo-se nela o dolo também.

Para Mônica Nicida Garcia (2004, p. 127), na Constituição de 1934 encontrava-se em vigor a teoria civilista, exigindo a presença da culpa do funcionário, a fim de que houvesse a possibilitade de cogitação de responsabilidade desse ou do Estado e, na previsão de litisconsórcio, o que se pretendeu foi que houvesse a substituição de ação regressiva contra o funcionário, para que se determinasse a responsabilidade desse na ação que corresse contra a Fazenda Pública.

4.4 – CONSTITUIÇÃO DE 1937

"Art. 158. Os funcionários públicos serão responsáveis solidariamente com a Fazenda Pública Nacional, estadual ou municipal por quaisquer prejuízos decorrentes de negligência, omissão ou abuso no exercício dos seus cargos."

A Constituição Federal de 1937, no seu Art. 158, caput, repetiu a responsabilidade solidária dos funcionários públicos com a Fazenda Pública, já prevista no texto constitucional anterior a este, incluindo agora as três esferas da Administração Pública, a federal, a estadual e a municipal, em qualquer prejuízo que tenha origem na negligência, omissão ou abuso no exercício do cargo, não fazendo menção o texto a qualquer outro aspecto, observando que essa solidariedade não exclui a responsabilidade do Estado, mesmo nas três espécies de conduta por parte do agente público.

Foi retirada a figura do litisconsórcio envolvendo o funcionário e a Fazenda Pública, mantendo-se a responsabilidade solidária, salientando-se a previsão que foi inscrita no Estatuto dos

Funcionarios Públicos Civis da União, de 28 de outubro de 1939, que, no seu Art. 228, estabeleceu que o funcionário estava obrigado a repor, de uma só vez, a importância referente ao prejuízo causado, nas hipóteses de indenização à Fazenda Nacional.

4.5 – CONSTITUIÇÃO FEDERAL DE 1946

"Art. 194. As pessoas jurídicas de direito público interno são civilmente responsáveis pelos danos que os seus funcionários, nessa qualidade, causarem a terceiros.

Parágrafo único. Caber-lhe-á ação regressiva contra os funcionários causadores do dano, quanto tiver havido culpa destes.".

Desta vez, e pela primeira, um texto constitucioinal brasileiro explicitou a responsabilidade das pessoas jurídicas de direito público interno nos danos que seus funcionários viessem a causar a terceiros, com a opção de ingresso com ação regressiva contra esse funcionário, uma vez que ocorresse a hipótese de culpa, ressaltando-se que essa culpa somente pode ser entendida no sentido abrangente, estando incluso também o dolo.

Esta Constituição Federal trouxe a consagração da responsabilidade objetiva, situação em que se prescinde de averiguação de culpa, bastando tão somente as presenças do dano e do nexo causal, a fim de que se faça presente a responsabilidade pela indenização do dano.

O Estado tornou-se responsável pelos danos que seus agentes causassem a terceiros, sem que, inicialmente, fosse perquirida a culpa desses agentes, e, num segundo instante, para que depois houvesse ocorrida a indenização paga pelo Poder Público à vítima, para daí se pretender a ação regressiva contra o funcionário, fazia-se necessário que existisse a ocorrência de culpa por parte desse funcionário.

Substituiu-se a solidariedade pela ação regressiva, observando-se que para essa ação era necessário estar presente a culpa ou dolo, consagrando-se, desta forma, a responsabilidade objetiva do Estado e a subjetiva do agente público.

4.6 – CONSTITUIÇÃO FEDERAL DE 1967

"Art. 107. As pessoas jurídicas de direito público responderão pelos danos que seus funcionários, nessa qualidade, causarem a terceiros.

Parágrafo único. Caberá ação regressiva contra o funcionario responsável, nos casos de culpa ou dolo."

Na evolução da responsabilidade civil, o texto da Constituição Federeal de 1967, oriunda do período do regime militar, à semelhança da maneira comum da legislação castrense, explicitou mais ainda a responsabilidade do funcionário público, pois, além de mencionar a culpa, esta agora entendida no sentido estrito, incluiu o dolo, e, ambos, a culpa e o dolo integram a culpa no sentido amplo.

4.7 – EMENDA CONSTITUCIONAL Nº 01, DE 17 DE OUTUBRO DE 1969.

"Art. 107. As pessoas jurídicas de direito público responderão pelos danos que seus funcionários, nessa qualidade, causarem a terceiros.

Parágrafo único. Caberá ação regressiva contra o funcionário responsável, nos casos de culpa e dolo."

A Emenda Constitucional de 1969 não inovou em nada no assunto, limitando-se a repetir o já explicitado na Constituição de 1967, no que se refere ao assunto de responsabilidade civil das pessoas jurídicas de direito público e de seus funcionários.

4.8 – CONSTITUIÇÃO FEDERAL DE 1988.

"Art. 37. A administração pública direta e indireta de qualquer dos Poderes da União, dos Estados, do Distrito Federal e dos Municípios obedecerá aos princípios de legalidade, impessoalidade, moralidade, publicidade e eficiência e, também, ao seguinte:

§ 6º As pessoas jurídicas de direito público e as de direito privado prestadoras de serviços públicos responderão pelos danos que seus agentes, nessa qualidade, causarem a terceiros, assegurado o direito de regresso contra o responsável nos casos de dolo ou culpa."

Fruto da Assembléia Constituinte, a Constituição

Federal de 1988, no § 6º, do Art. 37 (com redação dada pela Emenda Constitucional Nº 19/1998), além de objetivar a responsabilidade civil das pessoas jurídicas de direito público, nos danos causados a terceiros pelos seus agentes, com direito de ação regressiva por parte da Administração contra os seus agentes, nas hipóteses de dolo ou culpa, incluiu nesse mesmo prisma as pessoas jurídicas de direito privado que prestem serviços públicos, consagrando, de maneira cabal, a Teoria do Risco Administrativo.

As pessoas jurídicas de direito público e as pessoas jurídicas de direito privado prestadoras de serviços públicos respondem pelos danos de seus agentes causem a terceiros, nessa qualidade, assegurando-se o direito de regresso contra o responsável nas hipóteses de dolo ou culpa.

Desta forma, tem-se a responsabilidade civil das pessoas jurídicas de direito público e das pessoas jurídicas de direito privado prestadores de serviços público está baseada na Teoria do Risco Administrativo, objetivada.

No entendimento de Alexandre de Moraes (2002, p. 899), a responsabilidade objetiva traz, necessariamente, a presença de alguns pressupostos, para a sua presença, sendo eles a ação ou omissão administrativa, a presença do nexo causal entre o dano e a ação ou omissão administrativa e a ausência de causa excludente da responsabilidade estatal.

Afirma o autor (2002, p. 899) que, tendo o texto constitucional adotado a Teoria do Risco Administrativo, está vedada qualquer outra possibilidade de previsão normativa de qualquer outra teoria, especialmente a Teoria do Risco Integral.

Diógenes Gasparini (2004, p. 886) entende que para a responsabilidade objetiva do Estado deverá ter havido a ação do agente público, pois, segundo o seu entendimento, a presença do verbo "causar" no texto constitucional traz em si o pressuposto da atuação do agente público, não ocorrendo a responsabilidade objetiva nos atos omissivos, uma vez que, de acordo com o autor, o Estado responde de maneira subjetiva nos casos em que ocorrem danos a particulares oriundos de atos omissivos, se lhe cabia agir, responsabilidade essa que é determinada pela Teoria da Culpa do Serviço.

5 – EVOLUÇÃO DOUTRINÁRIA DA RESPONSABILIDADE CIVIL DA ADMINISTRAÇÃO

Muito embora, à primeira vista, o presente item soaria estranho ou inapropriado de ter sua presença nesta publicação, uma vez que o tema abordado é a responsabilidade civil do agente público, enquanto este item trata da Evolução Doutrinária da Responsabilidade Civil da Administração, observar-se-á que, na evolução do instituto, aqui ou alhures, momentos houve em que foi passando de uma para outra perspectiva na abordagem do assunto responsabilidade civil, quanto a imputá-la ao agente público ou à Administração, caminhando-se da responsabilidade subjetiva para a responsabilidade objetiva. Assim, na evolução da

Responsabilidade Civil da Administração, em alguns instantes o agente público foi alvo dessa responsabilização, antes que se objetivasse a aplicação do instituto.

Anota Celso Ribeiro Bastos (1994, p. 184) que a indenização dos prejuízos que o Estado causa aos administrados decorre, inevitavelmente, do Estado de Direito.

No entanto, na evolução do instituto, essa realidade é recente, observando o autor (1994, p. 184) que na Grécia nos regimes monárquicos, aristrocáticos ou democráticos, o soberano era visto como alguém que somente respondia à divindade, sendo desta uma emanação, desligado o soberano dos compromissos de natureza terrena.

Leciona o doutrinador (1994, p. 184) que, em Roma, de início, a responsabilidade do Estado era total, não se tendo, de forma rigorosa, a aceitação de prejuízos que o Estado ou seus agentes causassem viessem a ensejar indenização ao administrado, cabendo, no máximo, em determinado momento, a responsabilidade dos agentes estatais, responsabilidade essa abstrata, sem que os prejudicados pudessem dispor de meios efetivos para reparação.

Segundo Silvio de Salvo Venosa (2003, p. 274), em princípio não existia a possibilidade de tornar o Estado responsável pelos atos praticados por seus agentes, vigorando a máxima "The King can do no wrong" e, na Inglaterra, inexistia a possibilidade de demanda contra o rei ou funcionários da Coroa, baseando-se na responsabilidade civil, com o entendimento de que a palavra "King", em sua abrangência, referia-se aos funcionários do reino. O Direito Anglo-Saxão também estabelecia dificuldades para a responsabilidade estatal, como a prescrição breve e o direito do demandante compor, pecuniariamente, com o funcionário, com oferecimento deste àquele.

Ainda, conforme o autor (2003, p. 274), desconhecia-se por completo, no direito inglês, ação cujo fundamento fosse os danos em que a origem residisse na culpa dos funcionários, restando, para a vítima, como opção, acionar o funcionário diretamente ou aceitar o prejuízo, se o funcionário fizesse parte da categoria dos "servantas of crown" (empregados da coroa), que possuíam imunidade funcional, pertencendo a essa categoria os juízes, as autoridades alfadengárias e sanitárias.

De acordo com o doutrinador citado anteriormente (2003, p. 275), passou-se para o conceito de culpa, nos termos do direito privado, para que houvesse a responsabilidade do Estado, ocorrendo, tadavia, a existência de legislação em que se isenta o Poder Público da sua responsabilidade, ainda que existisse culpa por parte do funcionário, a exemplo do que acontece com o México. Todavia, passou a existir predomínio da Teoria do Risco Administrativo no relacionamento entre a Administração e os administrados.

Para Sérgio Cavalieri Filho (2004, p. 235) a responsabilidade do Estado insere-se no contexto da responsabilidade objetiva, com previsão em nosso ordenamento jurídico, tendo como um dos responsáveis o Direito Francês, por intermédio da construção feita pelo Conselho de Estado.

Conforme o autor anteriormente citado, vigorava o princípio da irresponsabilidade no estado despótico e absolutista, sendo que se considerava como obstáculo perigoso à Administração a cobrança em pecúnia de uma responsabilidade e mesmo em função dos aforismos da época, como "O rei não erra" (The King can do no wrong). "O Estado sou eu" (L'Etat c'est moi). "O que agrada ao príncipe tem força de lei". A responsabilidade, então, recaia sobre o funcionário que causava o dano, nunca contra o ente público, e, uma vez insolvente esse funcionário, em regra a indenização era frustrada. O argumento usado era que havia uma distinção entre a figura do Estado e a de seu agente e, ainda, na hipótese deste atuar extrapolando o uso de suas funções, a Administração não se obrigava a repara o mal causado.

Na visão de Sérgio Cavalieri Filho (2004, p. 236), a teoria da irresponsabilidade negava o próprio Direito, e, estando a Administração Pública submetida à lei no Estado de Direito, a responsabilidade do Estado é uma consequência lógica e direta desse fato. Sendo o Estado também um sujeito com capacidade para direitos e obrigações na sua relação com os demais entes da sociedade, não há justificativa para que não possa ser responsabilizado civilmente.

De acordo com o que entende o doutrinador antes

referenciado (2004, p. 236), paulatinamente se foi superando a ideia dessa irresponsabilidade estatal, passando-se, num segundo momento, para a concepção civilista na responsabilidade estatal, com fundamento na culpa do funcionário e nos princípios da Responsabilidade por Fato de Terceiro.

Diógenes Gasparini (2004, p. 884) assinala que, no Brasil, durante o período colonial encontravam-se em vigor leis portuguesas que acolhiam a irresponsabilidade do Estado, no que tange a efeitos patrimoniais, não tendo, em princípio, os colonos direito de indenização, nos casos de danos originados pelos agentes da Coroa Portuguesa.

Conforme o autor citado (2004, p. 885), a Constituição de 1891 não impedia que houvesse a solidariedade por parte do Estado na indenização do dano, no entendimento dos autores de então.

Afirma Diógenes Gasparini (2004, p. 885) que data desse período de vigência da Constituição de 1891, a partir da instituição do Código Civil de 1916, a responsabilidade patrimonial subjetiva do Poder Público, uma vez que se consagrou essas responsabilidade através do artigo 15 do citado Código, ainda que, pela sua redação, houvesse uma propensão equivocada a acolher o entendimento de que, em verdade, tratava-se da teoria de responsabilidade civil objetiva.

Entende o doutrinador (2004, p. 885) que a orientação trazida pelo Código Civil de 1916 não sofreu alteração até a

Constituição de 1946 vir a lume, posto que esta trouxe a Teoria da Responsabilidade Civil do Estado sem culpa, também denominada de Teoria da Responsabilidade Objetiva do Estado ou Teoria do Risco Administrativo.

Os Estados Unidos, em 1946 com o Federal Tort Claims Act, e a Inglaterra, esta em 1947 com o Crown Proceeding Act, com alguma tardança vieram a aceitar que o Estado fosse civilmente responsabilizado por atos de seus agentes.

A responsabilidade civil dos funcionários públicos vem expressamente citada nos textos das Constituições Brasileiras de 1824 (Art. 156, 157, 179, inciso XXIX) e de 1891 (Art. 82). No Código Civil de 1916, em seu artigo 15, havia a previsão de as pessoas jurídicas de direito público serem civilmente responsáveis pelos danos causados a terceiros pelos seus representantes causadores do dano. No Código Civil de 2002, o tema está abrodado pelo artigo 43, observando-se que a ação regressiva das pessoas jurídicas de direito público contra seus agentes, nos casos de dano de natureza civil, deve ocorre na hipótese de dolo ou culpa, por parte de seus agentes.

É dividida a Teoria da Responsabilidade Civil do Estado, ou responsabilidade sem culpa, em três subspecies:

a) culpa administrativa – sendo em um primeiro estágio de transição do direito civil para o direito administrativa, considerando-se a falta de serviço, e, a partir daí, concluindo-se pela responsabilidade da Administração, dispensando-se a culpa da

Administração.

b) risco administrativo – o dano torna-se obrigável de indenização em virtude do ato lesivo e do injusto que sofreu a vítima, sendo inexigíveis a falta de serviço e a culpa dos agentes, bastando o fato do serviço. Havendo a culpa concorrente do agente e do particular, a indenizção a ser paga torna-se mitigada ou proporcionais e, ocorrendo a culpa exclusive da vítima, está excluída a responsabilidade da Administração.

c) risco integral – ocorre a responsabilidade da Administração em qualquer situação de nexo causal, não sendo consideradas a culpa concorrente e nem a culpla exclusive da vítima.

No Brasil, durante o período colonial vigorou a irresponsabilidade do Estado e, com a constituição do Estado Brasileiro, passou-se à responsabilidade civil do Estado. A responsabilidade civil dos agentes públicos vem expressamente citada nos textos constitucionais de 1824 (Art. 156, 157, 179, inciso XXIX) de 1891 (Art. 82).

5.1 – TEORIA DO ÓRGÃO

Ensina Sérgio Cavalieri Filho (2004, p. 236) que, na Teoria do Órgão, tem-se que o Estado age por intermédio dos seus agentes, mas estes não chegam a representar o Poder Público. Na qualidade de pessoa jurídica, diferentemente das pessoas físicas, o Estado não possui vontade ou ação e, não podendo atuar de forma direta, a sua atuação dá-se através de seus agentes, uma vez atuando nos órgãos estatais e investidos na qualidade de agentes públicos.

Ao desenvolver suas atividades, o servidor, em verdade, realiza as do órgão a que pertence, desta forma, imputa-se à Administração Pública o dano que esta venha a causar ao administrado.

5.2 – CULPA ANÔNIMA

Passou-se para a culpa anônima ou impessoal, vindo da culpa individual, ultrapassando-se a noção civilista, ocupando-se agora, da culpa em serviço ou fato do serviço, situação na qual não há funcionamento do serviço, ou seu funcionamento é mal realizado ou realizado com atraso, configurando-se como responsável o Poder Público por danos ao particular, por ausência ou defeito, incluindo-se também a demora na prestação do serviço.

Nessa maneira de enxergar o problema, a culpa anônima ou a falta do serviço público não se vincula à ausência do agente público, tornando-se desnecessário fazer-se prova de culpa por parte de algum servidor, sendo suficiente a má gerência do serviço, com o correspondente defeito de prestação.

Constitui-se em modalidade de responsabilidade subjetiva a caracterizada por falta de serviço, falha do serviço ou culpa do serviço, uma vez que se dilui na organização, tendo característica de anonimato e impessoalidade.

Mônica Nicida Garcia (2004, p. 65) informa que o agente

público surgiu com o Estado de Direito, em período posterior ao das Revoluções Liberais.

Para a autora (2004, p.65), no entanto, mesmo em período anterior ao desses marcos, as pessoas que se colocavam a serviço do rei compunham o aparelho governamental. Era a época do Absolutismo, período em que era prevalente a vontade do monarca, que, para atendimento das suas necessidades e para a manifestação da sua vontade, tornava-se necessário um grande contigente humano, que se constituíam em agentes reais, respondendo estes ao monarca e a este prestando contas, diferentemente do que previa a Declaração dos Direitos do Homem e do Cidadão, que previa a prestação de contas de todo agente público acerca de sua administração à sociedade, constituindo-se, para esta, em um direito a exigência dessa prestação.

O Brasil, nessa época, vincula-se à Coroa portuguesa, possuindo o Estado, colônia ou metropole, como atribuições suas a justiça, a fazenda e a Guerra, para cujo desempenho eram incumbidos os titulares de cargos públicos ou ofício.

Conforme leciona a autora citada (2004, p. 73), as Revoluções Liberais trazem Estados que se erguem sobre princípios, como os da legalidade e da separação de poderes, ferramentas com as quais se buscava submeter o poder à lei, combatendo-se a possibilidade de um poder ilimitado concentrado em uma só mão, e de forma a que se assegurassem os direitos invididuais contra os desmandos do Poder Público.

O Estado de Direito, que substituiu o Absolutistsa, traz limites ao novo modelo de Estado que surge, disciplinando as ações dos governantes, em especial no que se refere à repercussão dessas ações nos governados.

Pelo ideário liberal buscava-se traçar um âmbito para a liberade privada, de forma que a interferência estatal fosse minimizada, para a concretização do respeito aos diretos individuais. Nesse período, traça-se o perfil do agente público, exercente de função pública, em lugar de representante do monarca, a quem devia obediência e fidelidade cegas. Só se justificando, a partir daí, que existisse esse agente, na medida em que fosse um elemento no atendimento do interesse público ou social.

A órbita das obrigações desse agente grativava do rei para a sociedade e se antes da sua responsabilidade era no ato de desempenho da vontade real, agora os seus deveres passam a ser para com o Estado e a sociedade, estabelecendo-se, desta forma, uma nova disciplina para esse agente, alterando-se os fins de atuação sua e a justificação para a sua existência, como também se alterou o seu código de conduta.

5.3 – RESPONSABILIDADE CIVIL

Não se pode fazer distinção entre responsabilidade civil do agente e do Estado, na análise de evolução do instituto, uma vez que não se pode falar de uma das suas responsabilidade de maneira isolada, pois são indissociáveis.

Na ótica de Mônica Nicida Garcia (2004, p. 102), as duas vêm a lume no momento em que se extingue o Absolutismo, muito embora na primeira metade do século XIX, a irresponsabilidade ainda fazia regra geral de maneira prevalente, quadro que distoava diante da nova realidade estabelecida, em virtude da pouca possibilidade de serem causados danos por parte da Administração Pública, haja vista ter sofrido redução de suas atividades.

O Estado de Direito, em razão da nova ordem que se estabeleceu, trazia consigo a necessidade de ser reconhecida a responsabilidade do Poder Público nos danos cuja origem fundava-se na atividade de seus agentes. O reconhecimento de que o Estado era o responsável pela situação deu-se de maneira gradativa e se no nascimento do Estado Liberal, bem como nos seus primeiros passos, não se tornava necessário invocar-se a responsabilidade estatal, uma vez que a atuação era mínima, à medida que essa atuação foi-se acentuando, também se acentuou ser necessário responsabilizá-lo.

Para que o administrado tivesse proteção, viu-se que era necessário efetivar e concretizar a responsabilidade estatal, uma vez que já se reconhecia ser possível responsabilizar o ente público, além do fato que responsabilidade imputada ao agente não trazia uma eficaz e rápida reparação, em virtude de ser difícil identificar o agente, como também pela limitação do seu patrimônio, que nem sempre tornava possível a reparação.

Nesse aspecto, ressalta Mônica Nicida Garcia (2004, p. 104, 105) que se procurou substituir a responsabilidade do agente pela responsabilidade do Poder Público, o que revelou um movimento de socialização dos riscos, tendente a tornar o Estado segurador dos riscos a que estão sujeitos os administrados, tendendo-se a assegurar que a vítima da conduta do agente público seja indenizada, e a responsabilidade desse agente é, então, menos visada, tendência que não assumiu uniformidade nos diverso ordenamentos jurídicos, sendo dois modelos que marcaram a evolução do tema responsabilidade estatal, uma concretizada por via legislativa, a outra, por via jurisprudencial. Percorreu-se o seguinte trajeto, na evolução do tema, da irresponsabilidade do Estado passou à responsabilidade subjetiva, com base na culpa (teoria civilista) e, após, à responsabilidade objetiva, sem culpa (teoria publicista).

5.4 – TEORIAS SUBJETIVISTAS

Lecionam Plabo Stolze e Rodolfo Pamplona (2004, p. 209) que se partiu da irresponsabilidade total do Estado nos danos sofridos pelos administrados para a aplicação da responsabilidade subjetiva, tendo-se como fundamento na responsabilidade com referência à culpa do funcionário para a responsabilidade estatal, considerando-se o elemento anímico como imprescindível para essa caracterização de responsabilidade.

5.4.1 – Teoria da Culpa Civilista

Calcava-se a primeira subjetivista no fato dos agentes públicos serem prepostos do Poder Público, desta forma, havendo situação em que a Administração Pública incorresse na *culpa in vigilando* ou *culpa in eligendo*, obrigava-se na reparação dos danos que seus agentes causassem, abordando essa teoria vários casos de ressarcimento impossível, haja vista tornar-se difícil ao administrado fazer prova de haver elemen anímico do Estado.

5.4.2 – Teoria da Culpa Administrativa

A culpa administrativa ou do acidente administrativo apresenta-se como intermediária entre a responsabilidade civil com culpa e a responsabilidade objetiva, enxergando-se o funcionário como elemento dentro da estrutura do governo, em lugar de um preposto, e o dano causado pelo agente público dá-se em nome do Poder Público. Têm-se, assim, novos paradigmas para que se avalie a responsabilidade estatal, como a *culpa in commitendo* (ação) e a *culpa in ommittendo* (omissão).

5.4.3 – Teoria da Culpa Anônima

Na teoria da culpa administrativa, um inconveniente que surgia era a impossibilidade de identificar-se de forma individual quem deu origem ao dano, pois ainda que se soubesse ser o dano decorrente de atividade da Administração Pública, a dificuldade surgia por não se ter sempre a certeza de que se fará a identificação de quem teve a conduta originária do dano. Em situações em que se evidenciava o enorme tamanho da estrutura do Estado e a impessoalidade dos serviços prestados, o administrado não conseguia fazer a identificação, dentro dessa estrutura, de a quem cabia a responsabilidade do dano de que se viu vítima. Dessa forma, nesses casos era exigida a responsabilidade estatal com base apenas no fato de que o dano sofrido originou-se na ativade estatal, sem que fosse necessário ter o conhecimento da identidade do funcionário que originou esse dano, valendo-se da culpa anônima.

5.4.4 – Teoria da Culpa Presumida

Sendo variante da teoria da culpa administrativa, essencialmente diferencia-se desta pela existência de uma presunção de culpa do Estado, adotando-se a inversão do ônus da prova, não podendo ser considerada como responsabilidade sem a culpa subjetiva ou objetiva, uma vez que se admitia não ter havido culpa concorrente do Estado.

6 - CARGO, EMPREGO E FUNÇÃO PÚBLICA

A Constituição Federal de 1988, em seu texto original, unificou os regimes jurídicos dos servidores públicos, que antes se dividiam em estatutários e celetistas, extinguindo-se, inicialmente, desta forma, os empregos públicos, sendo os seus ocupantes transferidos para o quadro estatutário, passando os empregos a cargos públicos. Com o advento da Reforma Administrativa, introduzida pela Emenda Constitucional N° 19/1998, foi reintroduzida, na Administração Pública, a figura do emprego público.

A acepção dos termos cargo, emprego e função pública tem conotação que, por vezes, confunde-se, todavia eles são distintos, quando empregados na terminologia apropriada que realmente representam, servindo para designar situações bem apropriadas.

O termo cargo designada um vínculo estatutário de pessoa física com o Estado, enquanto no emprego a vinculação é regida pela Consolidação das Leis do Trabalho, em ambos os casos são caracterizados pelas atribuições que são dadas a determinada pessoa física ligada ao Poder Público, através de vínculos de natureza empregatícia.

Divide-se, ainda, conforme a Lei N° 8.112, de 11 de dezembro de 1990, no seu artigo 9°, o cargo público, em caráter efetivo, de provimento efetivo, ou de carreira, a que se refere o inciso II, do artigo 37, da Constituição Federal; e em cargo em comissão, cujo caráter não é efetivo, referindo-se a cargos de confiança, de livre nomeação e exoneração, por parte da autoridade detentora de poder para tal.

Maria Sylvia Zanella Di Pietro (2002. p. 439) observa que, relativamente à Constituição Federal, no termo função pode designar:

a) a referida pelo inciso IX, do Art. 37, que dispõe sobre os casos de contratação por tempo determinado para o atendimento de necessidade temporária de excepcional interesse público, em que o concurso público torna-se prescindível, conforme a previsão do artigo 3º, da Lei Nº 8.745, de 09 de dezembro de 1993.

b) função que corresponde ao exercício de chefia, direção e assessoramento, cuja natureza é permanente, sendo, em regra, de livre provimento e exoneração.

7 - SERVIDORES PÚBLICOS

A Constituição Federal emprega o termo servidor público, em sentido amplo e em sentido restrito. Infere-se a assertiva, a partir da Seção II (artigo. 39) e Seção III (artigo. 43) do Capítulo VII, do Título III.

Tem-se assim, algumas observaçōes a serem consideradas:

a) a Seção I, disciplinando as disposições gerais da Administração Pública, trata de normas sobre os prestadores de serviços à Administração Pública, tanto direta quanto indireta, abrangendo, inclusive emprestas públicas, sociedades de economia mista e fundações de direito privado.

b) na Seção II, é abordado o servidor público, identificado como quem presta serviço à Administração Pública, possuindo vínculo de natureza empregatícia, na administração direta, autárquica e fundacional.

c) A Seção III ocupa-se dos militares dos Estados Distrito Federal e Territórios.

Observam-se dois aspectos importantes do assunto:

a) o uso da expressão servidor público em sentido amplo, ou seja, pessoas físicas que, através de vinculo empregatício, prestam serviços ao Estado, no âmbito de sua administração direta e indireta; o uso da expressão em sentido restrito, com exclusão dos prestadores de serviço às pessoas jurídicas de direito privado.

b) o termo função pública abrange a função administrativa, legislativa e jurisdicional, no sentido amplo da expressão.

Ocorre de também haver pessoas que, no exercício da função pública, não possuem esse vínculo empregatício com o Estado. Surgiu, então, a necessidade de um termo mais abrangente que o de servidor público, de forma que fosse possível a identificação das pessoas que estejam no exercício de função pública, possuam ou não possuam essas pessoas alguma forma de vínculo empregatício com o Estado.

A doutrina, desta forma, vem usando o termo agente público, para abranger esse universo de pessoas que prestam serviço ao Estado, nas suas variadas e possíveis formas de vínculo.

8 - **AGENTES PÚBLICOS**

A pessoa física que preste serviço ao Estado, na administração direta ou indireta, ou ainda em qualquer outro Poder, Legislativo ou Judiciário, das três esferas da administração pública (União, Estados, Distrito Federal, Territórios e Municípios) é considerada agente público.

Com base na classificação de Maria Sylvia Zanella Di Pietro (2002, p. 431), em adaptação feita a partir de Celso Antônio Bandeira de Mello (2002, p. 219), o gênero agente público subdivide-se em espécies, tais como agentes políticos, servidores públicos, militares e particulares em colaboração com o Poder Público.

8.1 AGENTES POLÍTICOS

Para Celso Antônio Bandeira de Mello (2002. p. 222), somente são considerados agentes políticos os Chefes do Poder Executivo, nas três esferas da Administração Pública (federal, estadual e municipal), bem como os seus vices e auxiliares imediatos, assim como os que integram o Poder Legislativo federal, estadual e municipal, entendendo o autor haver um liame de natureza política entre o Estado e seus agentes, em lugar de um elo de natureza profissional, sendo esses agentes qualificados para as suas funções em virtude de serem cidadãos, e não por serem detentores de alguma qualificação profissional, estando vinculados ao Estado por uma relação jurídica institucional, estatutária, sendo o seus deveres oriundos, de maneira direta, da Constituição Federal e das leis.

No entendimento de Hely Lopes Meirelles (2002., p. 77), além das categorias enumeradas na classificação feita por Celso

Antônio Bandeira de Mello, incluem-se nesse rol os membros do Poder Judiciário, Ministério Público, Tribunais de Contas, Corpo Diplomático e "autoridades que atuem com independência funcional no desempenho de suas atribuições governamentais, judiciais ou quase-judiciais, estranhas ao quadro do serviço público". Têm esses agentes as suas prerrogativas e responsabilidades estatuídas no texto constitucional e em legislação especial, possuindo regras próprias para a sua escolha, investidura, conduta e processo por crimes funcionais e de responsabilidade.

Maria Sylvia Zanella Di Pietro (2002, p. 432) segue o mesmo entendimento de Celso Antônio Bandeira de Mello, no que tange à classificação dos agentes políticos, compreendendo a autora que, embora na prática, não há participação do Poder Judiciário em decisões políticas, restringindo-se a sua função, de maneira quase exclusiva, ao exercício da função jurisdicional, não contando com uma influência considerável na atuação política governamental, salvo no controle que é exercido nas ações do governo, quando são levadas ao exame do Poder Judiciário, o que somente ocorre após a efetivação do ato de governo.

Para autora (2002. p. 432), excluem-se da espécie de agente político o Ministério Público que exerce uma função essencial à Justiça, da mesma forma que também o fazem a Advocacia Geral da União, a Defensoria Pública e a Advocacia, como também se excluem os Tribunais de Contas, cujo papel é o de controle da

Administração, não possuindo esses entes uma participação direta ou indireta das decisões de governo, não sendo suficiente haver o exercício de atribuições constitucionais, para que se configure como sendo agente político que está no exercício dessas atribuições, a não ser que assim se entendam classificados no rol os servidores que fazem parte de instituições cuja competência é constitucional, a exemplo da Defensoria Pública e dos militares.

Na tendência que hoje se apresenta, a de considerar-se os membros do Poder Judiciário e do Ministério Público na qualidade de agentes políticos, registra Maria Sylvia Zanella Di Pietro (2002. p. 423) a validade do entendimento em relação à Magistratura, uma vez consideradas suas decisões como exercício de parcela da soberania estatal, ao dizer o direito em última instância.

8.2 SERVIDORES PÚBLICOS

Subdividem-se em:

a) estatutários – ocupam cargos públicos e sujeitam-se ao regime estatutário, cujo estabelecimento dá-se em lei e em cada unidade federativa, sujeito esse regime à alteração unilateral, sempre se respeitando os direitos adquiridos. O ato de posse marca o ingresso em situação jurídica antes definida, inexistindo qualquer possibilidade de as partes acordarem alterar, através de contrato, as normas em vigor, uma vez que são normas de ordem pública, cuja derrogação não é possível pelas partes.

b) celetistas – o contrato que se celebra entre esses e a Administração dá-se sob a égide da legislação trabalhista, sendo ocupantes de emprego público. Estão submetidos às normas previstas na Constituição Federal e na Consolidação das Leis Trabalhistas, submetendo-se, desta maneira, ao que estatui a Carta Magna no que tange à investidura, acumulação de cargos e vencimentos.

c) servidores temporários – não se vinculando a cargo ou emprego público, a contratação desses servidores ocorre pó um tempo determinado, visando a atender necessidade de caráter temporário e excepcional, como também de interesse público. O regime jurídico que lhes disciplina o vínculo com o Estado é firmado em lei específica de cada ente federativo.

8.3 MILITARES

À semelhança dos servidores civis, os militares também são prestadores de serviços ao Estado, possuindo, todavia, um regime jurídico específico, sendo a sua vinculação estatutária.

Explica-se ser o regime da categoria estatutário, uma vez que o estabelecimento dele se dá através de lei e a submissão a ele não se origina de um contrato, ocupando-se, entre outras coisas, tal regime de regramento para ingresso, carreira, direitos, deveres, transferência para a reserva remunerada (inativação) e reforma (por invalidez ou idade na reserva remunerada).

8.4 PARTICULARES EM COLABORAÇÃO COM O PODER PÚBLICO

As características dessa espécie de agente público são as seguintes:

a) pessoas físicas na prestação de serviços ao Estado.

b) não possuem vínculo empregatício.

c) podem ou não receber remuneração pelo serviço prestado.

Esses serviços poderão dar-se sob diversos títulos e, na classificação de Maria Sylvia Zanella Di Pietro (2002. p. 437), abrangem as seguintes formas:

a) delegação de Poder Público – acontece nos casos de empregados de sociedades concessionárias e permissionárias de serviços públicos. Os exercentes de serviços notariais e de registro, os leiloeiros, os tradutores e intérpretes públicos, esses todos, exercem função pública, não havendo vínculo empregatícios entre eles e o Estado, sendo o exercício dessas funções feito em nome próprio de quem exerce a atividade, subordinando-se à fiscalização do Estado, com remuneração recebida dos que se utilizam desses serviços, não provindo dos cofres públicos.

b) exercício de função pública – podendo esse exercício dar-se através de requisição ou nomeação, fato que acontece nos casos de jurados, convocados para o serviço militar ou eleitoral, comissários de menores, participantes de comissão. Em regra, não possuem vinculação com o Estado, bem como não são remunerado.

c) gestores de negócios – assumem certa função pública em situações emergenciais, a exemplo de epidemia, enchente, incêndio, terremotos e outras catástrofes.

Importa enumerar bem as diversas espécies de agentes públicos, para uma delimitação precisa das categorias que redundarão em análise do levantamento sobre as Constituições Brasileiras que no corpo de seu texto regularam o assunto previdência do agente público.

9 - TEORIA DO RISCO INTEGRAL E DO RISCO ADMINISTRATIVO. POSIÇÃO BRASILEIRA ATUAL.

9.1 – TEORIA DO RISCO INTEGRAL

Na Teoria do Risco Integral, o Poder Público obriga-se no dever de indenizar a vítima em qualquer dano, mesmo nas situações em que ocorram o dolo ou a culpa da vítima, tanto na modalidade exclusive ou concorrente. O cunho dessa teoria é radical, ensejando a possibilidade situações de abuso por parte dos administrados, pois, uma vez que desconsidera o dolo ou a culpa sua, é de imaginar-se a indústria de indenizações que poderia ser formada a partir de levada a efeito a Teoria do Risco Integral.

9.2 – TEORIA DO RISCO ADMINISTRATIVO

Na Teoria do Risco Administrativo, importa ressaltar alguns aspectos:

a) o dever de prover-se a indenização dá-se pelo ato lesivo e pelo injusto sofrido pela vítima.

b) não há exigência de falta do serviço público ou de culpa dos agentes públicos.

c) é suficiente que se faça presente a lesão e o nexo causal, sem que a vítima concorra para o evento.

d) enquanto na Teoria da Culpa Administrativa é exigida a falta do serviço, na Teoria do Risco Administrativo é exigido tão somente o fato do serviço.

e) não é cogitada a culpa dos agentes da Administração, sendo suficiente a demonstração do dano e do injusto oriundos da ação ou omissão do Estado.

f) a teoria fundamenta-se no risco gerado pelo atividade pública para os administrados, com o dano que pode vir a causar a determinada parcela da população, cujo ônus torna-se maior que o suportado pelos demais.

g) risco e solidariedade social são dois pilares nos quais se ausentam a Teoria do Risco Administrativo.

h) não se confunde com a Teoria do Risco Integral, pois enseja a possibilidade de a Administração provar a culpa concorrente ou exclusiva da vítima, mitigando ou excluindo a responsabilidade civil do Estado.

i) o sentido da teoria é da exclusão da necessidade da vítima precisar provar a culpa da Administração, objetivando a responsabilidade do Estado.

A posição brasileira, na atualidade, vem explicitada nos termos do § 6º, do Art. 37 da Constituição Federal, e do Art. 43 do Código Civil Brasileiro.

"Art. 37. A administração pública direta e indireta de qualquer dos Poderes da União, dos Estados, do Distrito Federal e dos Municípios obedecerá aos princípios de legalidade, impessoalidade, moralidade, publicidade e eficiência e, também, ao seguinte:

§ 6º As pessoas jurídicas de direito público e as de direito privado prestadoras de serviços públicos responderão pelos danos que seus agentes, nessa qualidade, causarem a terceiros, assegurado o direito de regresso contra o responsável nos casos de dolo ou culpa."

Código Civil

"Art. 43. As pessoas jurídicas de direito público interno são civilmente responsáveis por atos de seus agentes que nessa qualidade causem danos a terceiros, ressalvando o direito regressive contra os causadores do dano, se houver, por parte destes, culpa ou dolo."

Depreende-se pelos textos e normas transcritos que no Brasil presentemente se adotou a Teoria do Risco Administrativo, com a responsabilidade civil objetiva do Estado, somente cabendo responsabilizar-se o agente em ação regresiva, no caso de ter ocorrido dolo ou culpa, por parte deste.

10 – CONCLUSÃO

As origens da irresponsabilidade estatal remontam à Grécia, que nos seus regimes monárquicos, aristocráticos ou democráticos acolheram a ideia de que o sobernao somente prestava contas à divindade, sendo esse soberanao uma encarnação dessa divindade, descompromissado com as realidades dos homens, para os gregos da época.

Da Grécia passou à Roma a Teoria da Responsabilidade Estatal, que também a acolheu. Em Roma, em um primeiro instante, a irresponsabilidade do Estado era total, não se chegando, porém, a existir essa responsabilidade ou de seus agentes, conforme leciona Celso Ribeiro Bastos (1994, p. 184).

De Roma caminhou-se para o Estado Absolutista, na irresponsabilidade da Adminstração, considerando-se o soberano irresponsável e intocável, como se observava, as atitudes do soberano repercutiam no seio da sociedade e, em alguns momentos, violentava direitos dos administrados, desde o direito de propriedade à liberdade individual. Também eram imunes à responsabilidade algumas categorias de servidores da coroa, sendo considerados como a manifestação do próprio rei.

A Constituição de 1824, não obstante decorridos trinta e cinco anos da Revolução Francesa, consagrou a irresponsabilidade imperial, no artigo 99 da citada Carta Magna.

No Brasil, importa distinguir o primeiro momento, em que, na qualidade de colônia, adotou a legislação portugesa, aceitando os princípios da irresponsabilidade patrimonial do Poder Publico e, posteriormente, após a Independência, com a Constituiçao de 1824.

As Constituiçoes de 1824 e 1891 adotaram a teoria de que os agentes públicos, quando agissem em infrigência à lei no exercício de seus cargos deveriam ser responsabilizados diretamente pelo prejuízo causado, havendo portanto uma responsabilidade subjetiva, nas hipóteses trazidas pelos dois textos constitucionais.

Essa perspectiva não exclui a responsabilidade da Administração, nos casos de seus agentes atuarem nos parâmetros legais, na prática de atos lícitos em nome do Estado, compreensão que parece clara na interpretação extensive das duas Constituição, a de 1824 e a de 1891.

A Constituição de 1934, além de trazer a responsabilidade solidária entre a Fazenda Pública e o Agente Público, ainda que este atuasse com negligência, omissão ou abuso no exercício do cargo, criou o litisconsórcio passive, trazendo à lidade o agente estatal, e, uma vez, haendo execução contra a Fazenda, esta promovia execução contra o agente público culpado.

A Constituição de 1937 apenas excluiu o litisconsórcio passive para o funcionário, reproduzindo a solidariedade entre a Fazenda e o agente público.

A responsabilidade civil do agente público, no Direito Constitucional Brasileiro, passou da subjetividade para a objetividade, transitando por uma fase que se pode afirmar como intermediária entre essas duas espécies, presente nos textos constitucionais de 1934 e 1937.

O marco foi, sem dúvida, a Constituição de 1946, pois objetivou a responsabilidade civil, assim como estabelecu a ação regressiva, na hipótese de culpa por parte do funcionário público, entendendo-se essa culpa em sentido abrangente, englobando o dolo e a culpa, em sentido estrito, pois admitir-se de outra forma, seria isentar o dolo, que é uma espécie de conduta mais gravosa que a de quem age com culpa, ou seja, com negligência, imprudência ou imperícia.

A Constituição de 1967 manteve a regra da responsabilidade objetiva da Administração, com a possibilidade de ação regressiva contra os funcionários, uma vez que ocorresse o dolo ou a culpa, disposição que foi reproduzida na Emenda Constitucional N° 01, de 17 de outubro de 1969.

Após a Constituição de 1946, ressalta-se o texto constitucional de 1988, que estabeleceu a responsabilidade objetiva para as pessoas jurídicas de direito público e para as pessoas jurídicas de direito privado, prestadoras de serviço público, cabendo a ação regressive contra os agentes públicos nas hipóteses de terem agido com culpa ou dolo.

Não obstante a Constituição de 1988 não afirmar, uma vez que assim caberia à norma infraconstitucional, salientam-se as hipóteses de exclusão da responsabilidade e de diminuição dessa responsabilidade, podendo haver situações nas quais a culpa é exclusiv da vítima, ou mesmo parcial, assim como o Estado, atuando dentro dos parâmetros legais, ainda que venha a causar dano a particular, não se obriga a indenizar o dano, em princípio, ressaltando-se a excepcionalidade de haver responsabilidade nesse caso, cuja previsão deverá constar de lei.

O Estado tem a sua manifestação perante a sociedade concretizada por seus agentes. E mesmo que estes possuam parcela de responsabilidade nessa ação, podendo ser total ou parcial, com exclusão da culpa da vítima ou de terceiro, ao atuarem, na verdade presente está a ação estatal, tornando-se objetiva essa responsabilidade, assim como é em casos em que pessoas de direito privado respondem pelos seus funcionários, no caso de *"culpa in vigilando"*, a responsabilidade objetiva é a que melhor atende ao ideal de celeridade e justiça para os administrados, tornando a atuação estatal mais cautelosa, por via da sua responsabilização.

É de ressaltar-se que o instituto é pouco conhecido da maioria da população, desconhecedora também de seus direitos básicos e, se aplicado com correção, os administradores públicos, com certeza, agiriam com maior zelo e cautela no trato da coisa pública.

11 - BIBLIOGRAFIA.

BALEEIRO, Aliomar. **Constituições Brasileiras**. 1824. 2 ed. Brasília: Senado Federal, Centro de Estudos Estratégicos, Escola de Administração Fazendária. 2001. v 2.

BRASIL, Senado Federal, Centro de Estudos Estratégicos, Escola de Administração Fazendária. **Constituições Brasileiras: Emendas Constitucionais**. 1969.. 1999. v.6.

_____, Aliomar; Sobrinho, Barbosa Lima. **Constituições Brasileiras** 1946. Brasília: Senado Federal, Centro de Estudos Estratégicos, Escola de Administração Fazendária, 2001. v.5.

BASTOS, Celso Ribeiro. **Curso de Direito Administrativo**, 15 e. São Paulo, Saraiva, 1994.

CAVALCANTI, Themístocles Brandão; Brito, Luiz Navarro; Baleeiro, Aliomar. **Constituições Brasileiras**. 1967. Brasília: Senado federal, Centro de Estudos Estratégicos, Escola de Administração Fazendária, 2001. v 6.

CAVALCANTI, Themístocles Brandão; BALLEIRO, Aliomar, BRITO, Luiz Navarro de. **Constituições Brasileiras**. 1969. Brasília: Senado Federal e Ministério da Ciência e Tecnologia, Centro de Estudos Estratégicos, 199, V. VIa.

CAVALCANTI, Themístocles Brandão. **Curso de Direito Administrativo**. 6. ed. São Paulo: Freitas Bastos, 1961.

DI PIETRO, Maria Sylvia Zannella. **Direito Administrativo**. 14.ed. São Paulo: Atlas. 2002.

GAGLIANO, Pablo Stolze, FILHO PAMPLONA, Rodolfo. Novo **Curso de Direito Civil. Responsabilidade Civil**. 3 ed. São Paulo: Saraiva, 2003.

GARCIA, Mônica Nicida. **Responsabilidade do Agente Público**. 1 ed. Belo Horizonte: Fórum . 2004.

LEITE, Eduardo de Oliveira. **A Monografia Jurídica**. 6 ed. São Paulo: Revista dos Tribunais. 2003.

MEIRELLES, Hely Lopes. **Direito Administrativo Brasileiro**. 27.ed. São Paulo: Malheiros, 2002.

MELLO, Celso Antônio Bandeira. **Curso de Direito Administrativo**. 14.ed. São Paulo: Malheiros, 2002.

MIRABETE, Júlio Fabrini. **Manual de Direito Penal. Parte Geral**. 17 ed. São Paulo: Atlas, 2001.

MORAES, Alexandre de. **Constituição Interpretada**. 5 ed. São Paulo: Atlas, 2002.

NOGUEIRA, Otaciano. **Constituições Brasileiras**. 1824. 2.ed. Brasília: Senado Federal, Centro de Estudos Estratégicos, Escola de Administração Fazendária, 2001, v. 1. 2001.

POLETTI, Ronaldo. **Constituições Brasileiras**. 1934. 2ed. Brasília: Senado Federal, Centro de Estudos Estratégicos, Escola de Administração Fazendária, 2001 v 3. 2001.

PORTO, Walter Costa. **Constituições Brasileiras**. 1937. 2.ed. Brasília: Senado Federal, Centro de Estudos Estratégicos, Escola de Administração Fazendária, 2001. v 4. 2001.

SALOMON, Delcio Vieira. Como Fazer uma Monografia. 9 ed. São Paulo: Martins Fontes. 1999.

SILVA, De Plácido e. Vocabulário Jurídico. 17 ed. Rio de Janeiro: Forense. 2000.

TÁCITO, Caio. **Constituições Brasileiras**. 1988. 4 ed. Brasília: Senado Federal, Centro de Estudos Estratégicos, Escola de Administração Fazendária, v 7. 2003.

VENOSA, Silvio de Salvo. **Direito Civil. Responsabilidade Civil**. 3 ed. São Paulo: Atlas, 2003.

_____, Direito Civil. **Parte Geral**. 3 ed. São Paulo: Atlas, 2003.

_____Direito Civil. **Teoria Geral das Obrigações e Teoria Geral dos Constratos.** 2 ed. São Paulo: Atlas, 2002.

SOBRE O AUTOR

O autor é formado em Administração Pública pela Universidade Federal do Rio Grande do Norte, em Direito pela UNI-RN – Centro Universitário do Rio Grande Norte e Pós-Graduado em Direito Previdenciário, no grau de Especialização, pela UNP- Universidade Potiguar.

www.ingramcontent.com/pod-product-compliance
Lightning Source LLC
Chambersburg PA
CBHW070455220526
45466CB00004B/1841